Ich wünsch dir

ganz viel Glück

in allen Lebenslagen!

Denn Glück kann man immer brauchen.

Keep smiling!

Mit einem Lächeln geht alles leichter!

Zähne zusammenbeißen!

Manchmal muss man einfach durchhalten.
Du wirst sehen: Es lohnt sich!

Die meisten Dinge sind nicht so schwer,
wie sie scheinen.
Also:

Don't panic!

6
7
PANIC

Wenn dir alles über den Kopf wächst:
Es gibt garantiert jemanden,
der dir gerne einen
Rettungsring zuwirft!

Nur nicht aufregen!

Du weißt doch:

In der Ruhe liegt die Kraft!

Süßes für die Seele!
Schokolade macht glücklich
und ist die beste
Nervennahrung!

Setz dich durch

und lass dir bloß nicht die

Butter vom Brot nehmen!

Lass die Sonne in dein Herz!

Dann kommen

Glück und Erfolg von ganz allein.

Mit einem Freund

an der Seite ist alles leichter!

Scheu dich nicht,

um Hilfe zu bitten.

Entspann dich!

Gerade in stressigen Zeiten ist es besonders wichtig, sich Gutes zu tun.

Kommt Zeit, Kommt Rat!

Nur nicht verzweifeln, manche Probleme
lösen sich ganz von selbst.

Auf in den Kampf!

Ich weiß,

du schaffst es!

Bleib locker!

Mit Gelassenheit und

guter Laune

geht alles leichter.

Gegen Kalte Füße

helfen warme Socken und

Zuspruch von guten Freunden!

Keine Angst vor großen Zielen!

Nicht alle Träume sind

Seifenblasen!

Du musst nur an dich glauben.

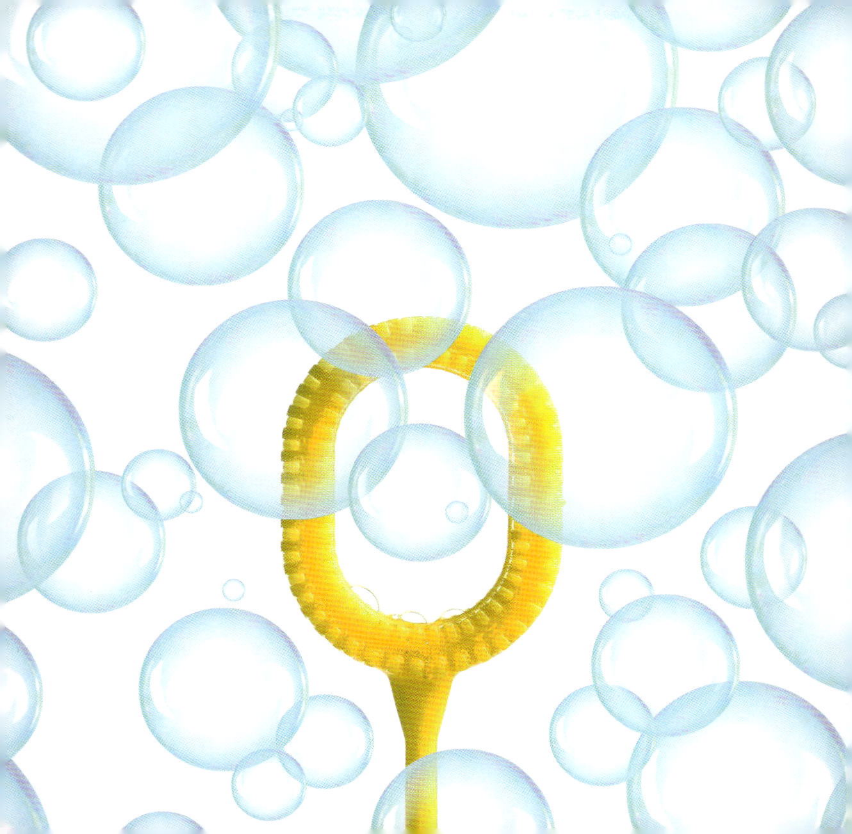

Für den Notfall:

kleines

Trostpflaster

für dich!

Schmetterlinge im Bauch?

Lampenfieber wirkt beflügelnd!

Umgib dich mit
Blumen!

Sie muntern dich auf und

machen fröhlich!

Sei mutig!

Mit ein bisschen Charme und

Selbstvertrauen

liegt dir die

Welt zu Füßen.

Think pink!

Mit Optimismus kommt man
leichter ans Ziel!

Kleiner
Schutzengel für dich!

Er soll dich begleiten und dir helfen,
alle deine Ziele zu erreichen.

Und wenn's mal nicht so klappt,
wie du es dir wünscht, denk dir einfach:

neues Spiel,
neues Glück!

Text: Aline Silberberg
Fotos: mauritius images, Mittenwald
Printed by Tien Wah Press
ISBN 978-3-7607-2887-2

www.arsedition.de